Die Geschichte von Martin Luther

Erzählt von Susanne Brandt
Mit Bildern von Petra Lefin

DON BOSCO

Mehr als 500 Jahre ist es her, da wird am Martinstag in der Kirche von Eisleben ein kleiner Junge auf den Namen Martin getauft. Margarethe Luther hat ihn einen Tag zuvor geboren. Bald danach ziehen die Eltern mit dem Kind ins nahe gelegene Mansfeld. Dort wächst Martin mit vielen Geschwistern auf. Sein Vater Hans arbeitet als Bergmann. Auch mit der Landwirtschaft kennen sich die Luthers aus.

Aber Martin soll noch mehr lernen: Lesen, Schreiben, Rechnen, Singen und Latein – das alles wird ihm in der Schule beigebracht. Wenige Jahre später verlässt er das Elternhaus, um sich in Eisenach auf das Studium vorzubereiten. Martin findet es spannend, in den Büchern zu lesen und Antworten zu suchen auf schwierige Fragen. Er kann es kaum erwarten, endlich in Erfurt die Universität zu besuchen. Doch dann geschieht etwas Sonderbares:

Eine Geschichte erzählt, wie Martin auf einer Wanderung von einem Gewitter überrascht wird. Zunächst geht er einfach weiter. Da schlägt plötzlich dicht neben ihm ein Blitz ein. Jetzt hat Martin Angst. Er schaut sich nach Hilfe um. Aber er ist ganz allein. Martin denkt an die Gebete, die er schon oft bei seinen Eltern gehört hat: „Heilige Anna“, so ruft er nach der Schutzpatronin der Bergleute: „Errette mich vor diesem schrecklichen Unwetter. Ich will Mönch werden, das verspreche ich.“

Martin wird gerettet – und er wird Mönch. In Erfurt lebt er mit anderen Brüdern des Augustinerordens im Kloster. Bald kennt er sich so gut aus mit den biblischen Geschichten, dass er nach Wittenberg zieht, um anderen Studenten davon zu erzählen. Aber immer wieder stößt er auf schwierige Fragen: Ist das, was er tut, gut genug für Gott? Tage und Nächte grübelt er im Wittenberger Klosterturm darüber nach. Immer wieder liest er in der Bibel die Jesusgeschichten – und plötzlich entdeckt er dort die lange gesuchte Antwort: Gott liebt jeden Menschen so, wie er ist. Wer Gott und seiner Liebe vertraut, kann auch mit anderen Menschen liebevoll umgehen. Martin ist sich jetzt ganz sicher: Vor Gott muss sich niemand fürchten!

Doch viele Menschen fürchten sich immer noch vor Gott. Aus Angst vor Höllenstrafen bezahlen sie Geld für Ablassbriefe und hoffen auf Rettung. Die Ablassbriefe werden auf dem Marktplatz im Auftrag des Papstes verkauft. Martin ist sehr wütend über solche Geschäfte. Wann haben die Menschen endlich den Mut, an Gottes Liebe zu glauben und nicht an seine Strafe?

Da hat Martin eine Idee: Er will nicht länger zornig sein über so viel Unrecht. Die Menschen sollen erfahren, warum der Handel mit Ablassbriefen nicht in Ordnung ist. Lange hat er über Gott nachgedacht. Jetzt schreibt er 95 wichtige Gedanken dazu auf ein Blatt Papier. Das nagelt er an die Tür der Schlosskirche zu Wittenberg. Schnell spricht sich die Botschaft überall herum. Doch es gibt auch Menschen, die sich über Martin Luther ärgern. Der Papst hofft, dass die ganze Aufregung bald vorbei ist. Martin aber hört nicht auf, davon zu erzählen: Gottes Liebe ist ein Geschenk für alle Menschen – und deshalb sollen alle Menschen davon erfahren.

Mit den Fürsten und Bischöfen des Landes bekommt Martin eine Menge Ärger. Dennoch bleibt er bei dem, was er gesagt und geschrieben hat. Seine Freunde fürchten, dass Martin von seinen wütenden Gegnern sogar getötet werden könnte. Deshalb bringen sie ihn auf der Wartburg in Sicherheit. Auch im Versteck liest Martin Tag und Nacht in der Bibel. Er braucht viel Zeit, um alles zu verstehen. Denn die Geschichten der Bibel wurden in fremden Sprachen aufgeschrieben. Das soll sich jetzt ändern: Im Versteck übersetzt Martin die Bibel in die deutsche Sprache, damit alle Menschen selbst lesen können, was da steht.

Lange bleibt Martin nicht auf der Wartburg. Überall versammeln sich Menschen, die Fragen stellen und frei von ihrem Glauben erzählen. Sie lassen sich nicht mehr alles von den Mächtigen vorschreiben. Dabei kommt es immer öfter zu Streit und Unruhen. Martin versucht, Frieden zu stiften. Aber er muss erkennen, dass er nicht immer die richtigen Worte findet. Er macht Fehler wie andere Menschen auch. Und er merkt noch etwas ganz anderes: Wer auf Gott vertraut, der bekommt Mut, wenn es um wichtige Entscheidungen für das eigene Leben geht. Denn vor einer solchen Entscheidung steht Martin plötzlich. Er lernt eine Frau kennen, die sein Leben verändern könnte: Katharina von Bora.

Katharina war viele Jahre Nonne. Jetzt aber ist sie aus dem Kloster geflohen, um in Freiheit allein auf Gott zu vertrauen. Martin und Katharina wissen: Durch Gottes Liebe können die Menschen einander erkennen, helfen und verzeihen. Bald gibt es für sie keinen Zweifel mehr: Sie möchten heiraten. Sie trauen sich, von nun an als Mann und Frau zusammenzuleben. Und sie geben das Vertrauen, das Gott ihnen geschenkt hat, auch an ihre Kinder weiter.

Martin arbeitet nun als Professor in Wittenberg. Er zeigt den Studenten, wie spannend es ist, in der Bibel zu lesen. Aber er spricht nicht nur für Studenten. Alle, die ihm zuhören möchten, können sonntags in der Kirche mit ihm Gottesdienst feiern. Weil er alles auf Deutsch erklärt, verstehen die Menschen endlich, was in der Kirche gesprochen wird. Viele nennen sich von nun an evangelisch und gründen neue Gemeinden. Es gibt für all diese Veränderungen ein besonderes Wort: Reformation.

Noch heute lesen viele Menschen die Bibel, wie Martin Luther sie übersetzt hat. Sie finden aber auch neue Worte für ihren Glauben. Menschen, die zur evangelischen Kirche gehören, fragen immer wieder nach Gott. Und sie entdecken, dass Menschen in der katholischen Kirche ganz ähnliche Fragen haben. Vielleicht hat Martin sich das vor 500 Jahren anders vorgestellt, weil für ihn andere Fragen wichtig waren. Er hat sich jedoch schon damals Gedanken darüber gemacht, wie Menschen gut miteinander Gottesdienst feiern und singen können. Deshalb hat er sich auch noch ein paar Lieder für unsere Feste ausgedacht. „Vom Himmel hoch, da komm ich her“ ist eines davon. Das verbindet die Menschen jedes Jahr zu Weihnachten in einem großen Gesang mit vielen Tönen.

4. Auflage 2016 / ISBN 978-3-7698-2008-9

www.donbosco-medien.de
Illustration: Petra Lefin
Layout: ReclameBüro, München
Satz: Don Bosco Medien GmbH, München
Druck: Don Bosco Druck & Design, Ensdorf